BEI GRIN MACHT SICH IHR WISSEN BEZAHLT

AF146185

- Wir veröffentlichen Ihre Hausarbeit, Bachelor- und Masterarbeit

- Ihr eigenes eBook und Buch - weltweit in allen wichtigen Shops

- Verdienen Sie an jedem Verkauf

Jetzt bei www.GRIN.com hochladen und kostenlos publizieren

Bibliografische Information der Deutschen Nationalbibliothek:

Die Deutsche Bibliothek verzeichnet diese Publikation in der Deutschen National-bibliografie; detaillierte bibliografische Daten sind im Internet über http://dnb.d-nb.de/ abrufbar.

Dieses Werk sowie alle darin enthaltenen einzelnen Beiträge und Abbildungen sind urheberrechtlich geschützt. Jede Verwertung, die nicht ausdrücklich vom Urheberrechtsschutz zugelassen ist, bedarf der vorherigen Zustimmung des Verlages. Das gilt insbesondere für Vervielfältigungen, Bearbeitungen, Übersetzungen, Mikroverfilmungen, Auswertungen durch Datenbanken und für die Einspeicherung und Verarbeitung in elektronische Systeme. Alle Rechte, auch die des auszugsweisen Nachdrucks, der fotomechanischen Wiedergabe (einschließlich Mikrokopie) sowie der Auswertung durch Datenbanken oder ähnliche Einrichtungen, vorbehalten.

Impressum:

Copyright © 2013 GRIN Verlag, Open Publishing GmbH
Druck und Bindung: Books on Demand GmbH, Norderstedt Germany
ISBN: 9783668303522

Dieses Buch bei GRIN:

http://www.grin.com/de/e-book/340918/exkursion-in-die-metamedialitaet-zum-verhaeltnis-von-autobiographie-und

Bianca Dragut

Exkursion in die Metamedialität. Zum Verhältnis von Autobiographie und Fiktion in Patrick Roths "Die amerikanische Fahrt. Stories eines Filmbesessenen"

GRIN Verlag

GRIN - Your knowledge has value

Der GRIN Verlag publiziert seit 1998 wissenschaftliche Arbeiten von Studenten, Hochschullehrern und anderen Akademikern als eBook und gedrucktes Buch. Die Verlagswebsite www.grin.com ist die ideale Plattform zur Veröffentlichung von Hausarbeiten, Abschlussarbeiten, wissenschaftlichen Aufsätzen, Dissertationen und Fachbüchern.

Besuchen Sie uns im Internet:

http://www.grin.com/

http://www.facebook.com/grincom

http://www.twitter.com/grin_com

Ludwig-Maximilians-Universität München
Institut für Deutsche Philologie
WS 2013/14
Modul: Neuere deutsche Literatur

Bachelorarbeit

Exkursion in die Metamedialität
Zum Verhältnis von Autobiographie und Fiktion in Patrick Roths
Die amerikanische Fahrt. Stories eines Filmbesessenen

eingereicht am 2. Dezember 2013

Name: Bianca Dragut

Fach: Germanistik (Bachelor)
Fachsemester: 7

Inhalt

1. Vorwort

„Das ist eine wahre Geschichte – könnte man behaupten." Mit diesen Worten beginnt Patrick Roth am 9.Juli.2013 im *Maxim* (München) seine Lesung aus *Die amerikanische Fahrt. Stories eines Filmbesessenen.* Diese Worte postulieren zweifelsohne einen Glaubwürdigkeitsanspruch, der durch die ironische Untermalung einer fragwürdigen Behauptung allerdings wieder bricht. Im literaturgeschichtlichen Kontext ist der Glaubwürdigkeitsanspruch, den viele Autoren für sich zu beanspruchen versuchten, ein bekanntes Gestaltungsmittel der Aufmerksamkeitserzeugung. Ob nun im schriftlich fixierten Gegenstand der Literatur oder in der Eingangsformel einer Lesung, in beiderlei Präsentationsformen ist dem Autor die besondere Aufmerksamkeit gesichert. Das Spannende daran sind nämlich die Fragen, die der Leser/Zuhörer sich zwangsläufig stellen muss: Wie wahr kann die Geschichte sein, die ein *Schriftsteller* erzählt? Welchen Grad an medialer Vermittlung erreicht die *Geschichte eines Filmbesessenen? Wer kann* behaupten, dass die Geschichte wahr ist? Oder meint *wahr* so viel wie wahrhaftig im Sinne von einem regelrechtem Wert der Geschichte? Wer andere Werke des Autors kennt, weiß um den überaus intermedialen und kreativ-narrativen Stil seiner Texte. Deshalb scheint der Ort der Lesung auch programmatisch gewählt. Das *Maxim* ist ein Kino, in dem – entgegen der Annahme - nicht nur Filme vorgeführt werden. Der Ort des Geschehens bietet, wie eben diese Lesung, weitere Kulturprogramme an, u. a. Theateraufführungen. Zum Zeitpunkt der Lesung enthält das Programm des Kinos außerdem das Theaterstück *Die Hellseher* von Patrick Roth. Und genau auf dieser Kino/Theaterbühne sitzt nun eben Patrick Roth und hält seine Lesung. Wie bemerkt werden muss, ist ein durchaus intermediales Spiel in dieser Präsentationsform zu entdecken. Weshalb es sich lohnt und unbedingt nahelegt den Worten des Autors eine ganz besondere Aufmerksamkeit zu schenken.

2. Einleitung: Intermediale Fragestellungen an einen literarischen Text

Man will den Anfang so wenig wie das Ende.[1]

Im Rahmen dieser Bachelorarbeit soll die folgende wissenschaftliche Untersuchung Aufschlüsse über Patrick Roths poetologisches Konzept seiner ausgeprägt intermedialen Textsammlung liefern. Anhand prägnanter autofiktionaler Textbeispiele seines kürzlich erschienenen Buches *Die amerikanische Fahrt. Stories eines Filmbesessenen*[2] (2013) zeigt das konzeptionelle Struktur- und Organisationsprinzip seiner Erzählungen auf, welchen medialen Grad die intermedialen Beobachtungen im Erzähltext einnehmen. Bei der Analyse sind sowohl erzähltheoretische Vorannahmen als auch medienwissenschaftliche Verknüpfungen von besonderer Bedeutung. Die wissenschaftliche Untersuchung bedient sich narratologischer Begrifflichkeiten, welche die Verortung der literarischen Gestaltungen zulassen. Ebenso bedarf es im Falle der Intermedialität einer operationalen Theorie, die die medialen Differenzen und Kanäle zuordnen lässt. Angesichts der poetologischen Konstruktionen im Medium der Literatur bleibt festzuhalten, dass sich intermediale Beobachtungen immer auch an differenzierte ästhetische Konzepte binden. Die „Differenzierbarkeit von Medien", so stellt Tanja Prokić in einem noch unveröffentlichtem Aufsatz fest, ist „die unhintergehbare Vorraussetzung" bei einer theoretischen Beschreibung von Intermedialität[3]. Um das Feld der Intermedialität und die damit einhergehenden medialen Differenzen mit dem Feld der Literatur analytisch verbinden zu können, schlägt Prokić die re-perspektivierte Verbindung von Intermedialitätsforschung und operationalitätstheoretischer Medium/Form-Differenz nach Luhmann vor. Dieser vielversprechende Ansatz liefert einen fortschrittlichen Beitrag in der Intermedialitätsforschung. Denn gerade die

[1] Patrick Roth: *Meine Reise zu Chaplin. Ein Encore.* Frankfurt: Suhrkamp 1997. S. 31.
[2] Patrick Roth: *Die amerikanische Fahrt. Stories eines Filmbesessenen.* Göttingen: Wallstein 2013. Im Folgendem nur noch mit *AF* bezeichnet.
[3] Tanja Prokić: *Vor* der Theorie ist die Verwandlung. Ein Beitrag zur Intermedialitätsforschung am Beispiel von Patrick Roths *Magdalena am Grab.* Demnächst veröffentlicht in: Mario Grizelji, Oliver Jahraus und Tanja Prokić (Hrsg.): *Vor der Theorie. Materialität-Intensität-Immersion.* Würzburg: Könighausen&Neumann 2014.

Medium/Form-Differenz nach Niklas Luhmann führt bei der Beobachtung von medialen Differenzen zu erhellenden Ergebnissen. Gerade das Faktum der Unterscheidung ermöglicht spezifische Medialitäten in einem spezifischen Medium als Beobachtbarkeit zu erschließen. Im Medium der Literatur lässt sich also nicht nur die spezifische Form des literarischen Textes beobachten, sondern auch die in der Literatur intermedial eingeschalteten Formen differenter medialer Figurationen. Im literarischen Text bedeuten diese Unterscheidungen das Vermögen einen intermedialen Vergleich zwischen narratologischen und medienspezifischen Konzepten mittels Medium/Form-Differenz vollziehen zu können. Die luhmannsche Operationalitätstheorie ermöglicht sowohl einen medial als auch einen funktional ausdifferenzierten Vergleich aufzustellen, „ohne eine invariante Funktionalität von Intermedialitätsphänomenen annehmen zu müssen und ohne eine invariante Mediendifferenz zu setzen."[4]

In Patrick Roths autofiktionalem Werk sollen die ganz spezifischen Verfahren und das poetologische Konzept seiner durch Medienbiographie geprägten literarischen Intermedialitätskonstruktionen veranschaulicht werden. Entscheidend ist dabei das Verhältnis von Autobiographie und Fiktion, welches anhand wissenschaftlicher Forschungen ausarbeitet, inwiefern Interdependenzen des Begriffspaares mediale Konstellationen bedingen. Roths visuell-szenisches Erzählen entlehnt sich – wie der Titel bereits andeutet – aus dem, in seinem Werk vorherrschenden Medium, dem Film. Durch Roths autofiktionales Erzählen, in Anlehnung an den Film und dessen vielschichtigen Filmwelten, figuriert die literarische Vorlage einerseits Referentialisierbarkeit und andererseits eröffnet sie bezüglich eines differenten Kanals eine erweiterte Wahrnehmung. Denn mittels der Kombination aus Literatur und Film, aber auch aus Fotographie, Autobiographie, Tagebuch und Interview entsteht ein *fiktional* ausdifferenziertes Gerüst medial-vermittelter Erzählwelten, die den Leser letztendlich auf eine Metaebene führen und dadurch einen neuen medialen Raum formen. Roth organisiert aus intermedialem Geflecht der konstru-

---

[4]Tanja Prokić: *Vor* der Theorie ist die Verwandlung. Ein Beitrag zur Intermedialitätsforschung am Beispiel von Patrick Roths Magdalena am Grab. (Seitenangaben noch unbekannt) zitiert aus: 1. Das *Vor* der Intermedialitätstheorien oder was man mit Luhmanns Medium/Form-Untersschcheidung gewinnt.

ierten Narrationen sowie aus der imaginativen Verknüpfung von Erfahrung und Erinnerung der eigenen Medienbiographie eine metamediale Ebene. Mediale Differenzen bilden das Gesamtgerüst der autofiktionalen Erzählung bei der beobachtet werden kann, wie beobachtet wird. Von diesem Standpunkt aus betrachtet, kann festgehalten werden, dass das Struktur- und Organisationsprinzip der *AF* die Metamedialität ist. So lautet die These dieser wissenschaftlichen Untersuchung.

3.   Der Erzähltext und die Exkursion

Alles beginnt im Dunkeln.[5]

»AUSSEN-AMERIKA-TAG«,

»AUSSEN-AMERIKA-ABEND«,

»INNEN-AMERIKA-NACHT« bezeichnen die dreigeteilte Gliederung der Erzählungen in der *AF*. Die drei Teilüberschriften beinhalten jeweils drei-vier-drei Kapitel. Betrachtet man das *Was* der Darstellung, nach Genette die *histoire*[6], fällt auf, dass die geschichtliche Verbindung der Erzählung in den Kapiteln hauptsächlich durch die gemeinsamen Teilüberschriften erfolgt. Die Ebene der *histoire* verläuft im Hinblick auf die jeweiligen Kapitel autonom. Jedes Kapitel kann rein erzählerisch singulär bestehen. Auf der *discours*-Ebene, die das *Wie* der Darstellung beschreibt, können erzählte Zeiten in chronologischer Reihenfolge ausgemacht werden, die einer A-B-C-Struktur entspricht. Das erste Kapitel beginnt mit Erzählungen aus den „ersten Jahren dort drüben"[7] und meint die siebziger Jahre, an die Erzählungen aus den Anfang achtziger Jahren folgen. Schließlich endet der letzte Teil mit Erzählungen aus näher zurückliegenden Ereignissen, beispielsweise aus dem Jahr 2012. Der lineare Verlauf des Erzähltextes erfolgt im Grunde natürlich, insofern, dass sich die *AF* chronologisch fortbewegt. Der Anfang und das Ende des Buches verhalten sich jedoch bezüglich klassischer Erzähltechniken eher un-

---

[5]Patrick Roth: *Meine Reise zu Chaplin*. S. 9.
[6]Vgl. Gérard Genette: *Die Erzählung*, Paderborn: Fink 2010.
[7]Patrick Roth: *Die amerikanische Fahrt*. S. 21.

typisch. So beginnt die Erzählung mit einem Vorhaben/Anliegen, welches dem Leser näher gebracht werden soll und endet mit einer Hoffnung/einem Wunsch, der sich ebenfalls an den Leser richtet. In beiden Fällen markieren die Absichten des Ich-Erzählers einen Unbestimmtheitsgrad, der den Leser rein narratologisch in der Schwebe lässt. Weshalb sich folgern lässt, dass die Erzählungen als Exkurse verstanden werden können. Die *AF* durchläuft etappenweise diverse Stationen im Leben des Ich-Erzählers und bewegt sich ganz im Sinne einer (Auto-)Fahrt exkursionsartig fort. Auf dieser Fahrt erinnert sich der Ich-Erzähler anekdotisch an Geschichten, Filme oder Menschen zurück. Somit finden sich in der grundsätzlich chronologischen Abfolge auch Anachronien wieder. Besonders häufig treten sie in Form von Analepsen zum Vorschein. Des Weiteren können auf der *discours*-Ebene Prolepsen beobachtet werden, die sich in vorausdeutender Form eines Traums darstellen. Welche narrativen Auswirkungen diese zeitliche Gestaltung auf den unterschiedlichen Ebenen der Narration als auch im Bereich der Intermedialität zu verantworten hat, wird im Folgenden noch aufgezeigt. Ihre überaus bemerkenswerten medialen Schichtungen führen nicht nur dazu, die Merkmale fiktionalen Erzählens auf erzähltheoretischer Ebene zu analysieren, sondern auch ihr intermediales Wirken literarisch näher zu betrachten. Die Gestaltung der Teilüberschriften, in Form einer tagesrhythmischen Entwicklung, deutet auf einen, sich der Dunkelheit annähernden, Verlauf hin. Da der Faktor der Zeit nur eine von mehreren bestimmenden Komponenten in der Erzählgestaltung ausmacht, sei bereits hier auf die Intermedialität verwiesen, die eine weitere tragende Rolle in der Erzählung spielt. Die Dunkelheit auf die die Erzählung abzielt, verweist auf das mediale Differenzial. „»INNEN-AMERIKA-NACHT«" ist für den Ich-Erzähler „synonym mit dem Kino."[8] So heißt es weiter, dass „[d]ie Dunkelheit des Kinos noch Inbegriff eines Innen [war], in dem das Äußere an-zusehen war."[9] Damit stellt der Ich-Erzähler die Verbindung zu den Teilüberschriften her und reflektiert seine mit dem Kino verbundene Erfahrung. Hieran lassen sich die intermedialen Überle-

---

[8] Ebd. S. 190.
[9] Ebd. S. 190.

6

gungen von Tanja Prokić zu einem „durch Theorie unverfügbare[n] Außen"[10] knüpfen. „Die Beobachtbarkeit des Außen [...] ist selbst nicht direkt möglich, nur *vermittelt* durch Medien."[11] Die Vermittlungsinstanz Kino markiert einen intermedialen Bezug und ruft im Ich-Erzähler die reflektierte Auseinandersetzung medialer Vermittlung eines Außen hervor. Auf unterschiedlichen Ebenen der Erzähltextgestaltung in der Kombination mit Intermedialität können Beobachtungen gemacht werden, die die Relationen medialer Kanäle gegenüberstellen. Proklamatisch erklingt hier das mediale Differenzial von intermedialen Phänomenen in der *AF*.

4. Autor vs. Erzähler *oder* Autor/Erzähler-Differenz

> Ohne ihn, ohne diesen großen Traum, wäre keines meiner Bücher entstanden.[12]

Der zu untersuchende Text versammelt mehrteilige Erzählungen über die Erinnerungen und Erlebnisse eines deutschen Filmstudenten und werdenden Schriftstellers in Amerika. Die biographische Nähe des Erzählers zu seinem Autor ist unverkennbar, denn auch auf Patrick Roth könnten die Begebenheiten in den Erzählungen der *AF* biographisch zutreffen.[13] Sie führen dazu, dass sich die Erzählungen in der *AF* als Erlebnisse des Autors lesen, welche dieser während seiner Zeit in Amerika sammelt. Einschlägige Literaturtheorien belegen allerdings, dass das Verhältnis von Autor und Erzähler different betrachtet werden muss. Der Autor als reale Instanz steht einem figuriertem Erzähler gegenüber, der in einer Narration produktiv entsteht. Somit müssen Autor und Erzähler bei einer analytischen Beschreibung getrennt behandelt bzw. berücksichtigt werden.

---

[10]Tanja Prokić: *Vor* der Theorie ist die Verwandlung. Ein Beitrag zur Intermedialitätsforschung am Beispiel von Patrick Roths Magdalena am Grab. Zitiert aus der 'Einleitung'.
[11]Ebd. 'Einleitung'.
[12]Patrick Roth: *Die amerikanische Fahrt*. S. 215.
[13]Michael Fisch: Autorenporträt Patrick Roth. In. *Lexikon der deutschsprachigen Gegenwartsliteratur seit 1945*, Hg. v. T. Kraft. München: 2003, S. 1056–1058.

Eine der bekanntesten Literaturtheorien im Autorschaftsdiskurs vertritt Roland Barthes. Mit seinem Aufsatz *Der Tod des Autors*[14] liefert Barthes immanente Feststellungen im Diskursfeld der Autor und Erzähler Konstellationen. Seine Beobachtungen sollen in der Analyse den Status des Erzählers und den seiner Erzählungen näher bestimmen.

Mit Hilfe von erzähltheoretischen Analyseverfahren spezifizieren Gérard Genettes sowie Michael Scheffels Beobachtungen den Grundriss der Untersuchung. Für Genette legt *Die Erzählung*[15] ihren Schwerpunkt auf die Vielschichtigkeit narrativer Strukturen. Aus seinen Beschreibungen werden die Formen der zeitlichen Ordnung, die des Modus und die der Stimme für die weitere Arbeit von besonderer Bedeutung sein. Speziell bilden die narratologischen Beschreibungsmodelle *discours* und *histoire* die grundlegende Unterscheidungsplattform. Vertiefend bestimmen Scheffels Ausarbeitung der *Formen selbstreflexiven Erzählens*[16] als auch die der *Merkmale fiktionalen Erzählens*[17] das Verhältnis von Autor und Erzähler im Hinblick auf den Bereich der Autobiographie und den der Fiktion. Die Ergebnisse aus der erzähltheoretischen Analyse sollen insofern Erkenntnisse über die Spezifik von Patrick Roths Narration liefern, als dass in ihnen der fiktionale Grad und seine medialen Schichtungen erkennbar werden. Die Untersuchung der literarischen Gestaltung des Erzähltextes soll einerseits Aufschlüsse über die formalen Verhältnisse der autorintendierten Erzählung liefern, sowie anderseits ihre medialen Konstruktionen aufzeigen.

Bei einer analytischen und erzähltheoretischen Annäherung muss zu Beginn bestimmt werden, um welche literarische Form es sich bei dem vorliegenden Text handelt. Aus erzähltheoretischer Sicht kann der Status einer Erzählung spezifiziert unterschieden werden. Die Erzählung lässt sich vorerst im Rahmen ihres Realitätscharakters und ihrer Redesituation bestimmen. Differenziert werden kann zwi-

---

[14]Roland Barthes: Der Tod des Autors. In: Fotis Jannidis (Hrsg): *Texte zur Theorie der Autorschaft.* Stuttgart: Reclam 2000.
[15]Gérard Genette: Die Erzählung. Paderborn: Fink 2010.
[16]Michael: Scheffel: *Formen selbstreflexiven Erzählens. Eine Typologie und sechs exemplarische Analysen.* Tübingen: Niemeyer 1997.
[17]Michael Scheffel und Matías Martínez: *Einführung in die Erzähltheorie.* Müchen: C.H. Beck 2007.

schen real versus fiktiv und zwischen dichterisch versus nichtdichterisch.[18] Zieht man die vorgeschlagenen Merkmalspaare heran, wird die Einteilung in real oder fiktiv zu einem bestimmenden Kriterium, welches den Text enger eingrenzen und ihn so spezifischer analysieren lässt. Bei einer solchen Unterscheidung liegt die Schwierigkeit der Zuordnung in der *AF* im Moment des Autor-Text-Verhältnisses. Frühere Literaturtheorien bestimmen den Text losgelöst von ihrem Autor. Radikaler formuliert, ist nach Roland Barthes *Der Tod des Autors* eine maßgebliche Vorraussetzung für eine textimmanente Analyse.[19] Somit ist die Existenz eines Textproduzenten in einer textinternen Analyse ein nicht vorhandener Gegenstandsbereich und ein unnötig zu untersuchender Faktor in einem Erzähltext. Autor und Erzähler werden als strikt getrennte und unvereinbare Elemente in einer Geschichte gelesen. Im Vordergrund des Analyseverfahrens steht die hermeneutische Erschließung eines Textes. Wie aber kann ein Text, wie die *AF*, gelesen werden, bei dem die autobiographischen Daten Patrick Roths sich mit der des Erzählers beinahe spiegelgleich decken?

In neueren literaturtheoretischen Studien entdeckt man die bestimmende Existenz des Autors wieder. Man spricht nun von einer „Wiederkehr des Autors" in den Erzähltexten, sei es als Funktion oder als Lese- und Verstehensfigur.[20] Der Sammelband *Auto(r)fiktion* vereint Aufsätze zur Autorschaftsdebatte im Hinblick auf das Verhältnis von Autor und Erzähler im Kontext von Autobiographie und Fiktionalität. Dabei weist der Titel des Sammelbandes natürlich bereits auf das oszillierende Verhältnis von Autorschaft und Erzählung hin.

> Der autofiktionale Text – und welche Autobiographie wäre nicht autofiktional?- exponiert den Autor im performativen Sinn als jene Instanz, die im selben Moment den Text hervorbringt wie dieser ihr, d.h. dem Autor, auf seiner Bühne den auktiorialen Auftritt allererst ermöglicht.[21]

Stellt man sich eine Narration ohne Urheber, d.h. ohne Autor vor, existiert rein logisch auch keine Geschichte. Der Autor bestimmt einen Bereich in der Ge-

---

[18]Ebd., S. 10.
[19]Roland Barthes: Der Tod des Autors. In: Jannidis, Fotis (Hrsg): Texte zur Theorie der Autorschaft, Stuttgart: Reclam 2000.
[20]Martina Wagner-Egelhaaf: *Auto(r)fiktion. Literarische Verfahren der Selbstkonstruktion.* Bielefeld: Aisthesis 2013. S.13.
[21]Ebd. S.14.

schichte, insofern diese aus ihm hervorgeht. Gleichzeitig erklärt *Fiktion* im Titel einen determinierenden Bestandteil bei der Begriffsbildung und seiner nachhaltigen Auslegung.

Der Titel *Auto(r)fiktion* lehnt sich an den des Literaturwissenschaftlers Serge Doubrovsky an. Mit der Bezeichnung „Autofiktion" bestimmt Doubrovsky die Art der Texte, die keine reinen Autobiographien, aber auch keine vollkommenen Romane darstellen, sondern eher „im Zwischenraum der Gattungen" gefangen bleiben.[22] Wenn diese Beobachtung nun auf die *AF* übertragen werden soll, kann festgehalten werden, dass der potenzielle Autobiographieverweis die Genreeinteilung und somit den Status des Erzähltextes zusätzlich erschwert. In einer intermedialitätstheoretisch ausgelegten Untersuchung der *AF* fällt auf, dass der Begriff der Autofiktion gewisse Parallelen zum Begriff der Intermedialiät erkennen lässt. Auch die Intermedialität sucht einen „Zwischenraum" zu beschreiben, der ein „allgegenwärtig, oszillierend gedachte[s] ›Dazwischen‹"[23] markiert. Von einer möglichen Parallelität muss jedoch insofern abgesehen werden, als dass die Intermedialität in heterogenen Operationen unterscheidet, im Gegensatz zur komplementären Differenzierbarkeit von Autor und Erzähler oder von Realität und Fiktion.

Weiterführend ist nach Scheffel festzuhalten, dass eine Erzählung immer auch in einer vermittelten Kommunikationssituation stattfindet.[24] Diese narrative Kommunikationssituation schließt einen realen Autor ein, der für diese Kommunikationssituation einen vermittelnden Erzähler produziert. Nicht der Autor selbst ist es, der in der Narration erzählt, vielmehr sprechen Erzähler und Figuren durch ihn. Wenn man so will, ist der Erzähler in einer ganz bestimmten Form ein medialer Vermittler.

---

[22]Vgl. Serge Doubrovsky: Nah am Text/ Textes en main. In: De Toro, Alfonso und Claudia Gronemann (Hrsg): *Autobiographie revisited. Theorie und Praxis neuer autobiographischer Diskurse in der französischen, spanischen und lateinamerikanischen Literatur.* Hildesheim: Olms 2004. S.117–128.

[23]Irina O. Rajewsky: Intermedialität light? Intermediale Bezüge und die bloße Thematisierung des Altermedialen. In: Lüdeke, Roger und Erika Greber (Hrsg): *Intermedium Literatur. Beiträge zu einer Medientheorie der Literaturwissenschaft.* Göttingen: Wallstein 2004. S. 27–77, hier S. 29.

[24]Michael Scheffel und Matías Martínez: *Einführung in die Erzähltheorie.* S.17.

Bei der Medium/Form-Differenz nach Luhmann handelt es sich um eine Unterscheidung durch Beobachtung „desselben in demselben"[25]. Die Beobachtung der Unterscheidung ermöglicht sich erst durch das Kriterium der Differenz als eine Operation. Das Medium, das durch die lose Koppelung der Elemente selbst unbeobachtbar bleibt, steht der Form als feste Koppelung der Elemente gegenüber, was wiederum dazu führt, dass ein Medium, erst durch die Koppelung der Form, als solches wahrnehmbar wird.[26] Differenziert werden kann im Fall des Autor-Erzähler-Verhältnisses von einem Erzähler und dem Autor der den Erzähler als solchen erst produziert. Autor und Erzähler stellen somit eine unzertrennbare Einheit dar und bilden ganz im Sinne der Medium/Form-Differenz ein interdependentes Begriffspaar. Der Autor als Medium und der Erzähler als Form

Das Konfliktmoment in einer autofiktionalen Erzählung kommt also deshalb zustande, weil der Autor als Medium selbst unbeobachtbar bleibt. Lediglich die spezifische Form eines Erzählers erfüllt mediale Funktionen im Erzähltext. Somit wird der Erzähltext nicht bloß in Form eines literarischen Textes medial vermittelt, sondern auch mit Hilfe des medial-vermittelnden Erzählers, welcher sich im Fall der *AF* autofiktional präsentiert. Autobiographie und Fiktion bilden in der *AF* die grundsätzliche Struktur der vermittelten Kommunikationssituation und aus ihr geht hervor, welchen enormen Anteil sie zur Konstruktion der medialen Vermittlung beiträgt.

Der Erzähler verfügt über eine spezifische Medialität im literarischen Text und in seinen dualen Ebenen, dem *histoire* und dem *discours*. Gibt sich nun der Erzähler im speziellen Fall einer autobiographischen Erzählform als ein impliziter Autor zu erkennen (denn der reelle Autor bleibt im Text unbeobachtbar), indem er über die Arbeit als Schriftsteller in der Erzählung reflektiert, agiert er nicht nur autofiktional sondern auch metamedial. Die Reflexionsebene des impliziten Autors und gleichzeitigen Erzählers ist nicht bloß als metafiktionaler Einschub zu deuten,

---

[25]Peter Fuchs: Die Beobachtung der Medium/Form-Unterscheidung, In: Brauns, Jörg (Hrsg): *Form und Medium*, Weimar: Verlag und Datenbank für Geisteswissenschaften 2002. S. 81.

[26]Mario Grizelji: Medien. In: Jahraus, Oliver (Hrsg): *Luhmann-Handbuch. Leben-Werk-Wirkung*. Stuttgart (u.a.): Metzler 2012. S. 100.

vielmehr handelt es sich aufgrund einer medialen Vermittlung und der Medialität des impliziten Autors um eine metamediale Strukturierung.

Der autofiktionale Akt knüpft sich also nicht bloß an die Verbindung von Erzählung und Fiktion, sondern auch an das ozillierende Verhältnis von Autor und Erzählinstanz (Auftritt). Der reale Autor, der unbeobachtbar bleibt, wenn die Medialität einer Narration in Form eines medial vermittelnden Erzählers zum medialen Kanal figuriert, ist in diesem Sinne das lose gekoppelte Medium. Warum aber beim selbstreflexiven Bezug nicht bloß von einer Metafiktion die Rede sein kann, zeigt das Maß der medialen Vermittlung eines Erzählers an. Der homodiegetische Ich-Erzähler wird mit Hilfe der autofiktionalen Erzählform in der *AF* zu einer metamedialen Vermittlungsinstanz, weil die autobiographischen Daten in dieser Fiktion eine elementare Bedingung darstellt.

5. Realität vs. Fiktion *oder* Erlebnis vs. Erinnerung

> Da... – da sah ich das Zeichen. In Hollywood-Filmen der dreißiger, vierziger, fünfziger Jahre war überm hinteren Bühnenausgang immer ein Schild angebracht. So auch hier. Über einer in die Betonwand eingelassenen, grauweiß lackierten Metalltür stand: STAGE DOOR[27]

Der Begriff der „Autofiktion" beinhaltet weiterhin den der Fiktion und wird von Doubrovsky bei der Beschreibung von Autobiographie auch als solche verstanden, denn „[d]as Arrangment der Fakten und ihre sprachliche Bearbeitung sind es, die den Einsatz der Fiktion auf den Plan rufen"[28]. Bei der „sprachliche[n] Bearbeitung" können beispielsweise Fiktionssignale als Beobachtungsgegenstand deskribiert werden, anhand derer die Fiktion in der vorliegenden Forschungslektüre sichtbar wird. Sogenannte Fiktionssignale sind unter anderem die Kontextmarkierung, bestimmte Eingangsformeln sowie spezielle Textabschlüsse, das epische Präteritum oder die Verwendung von Verben, die die inneren Vorgänge dritter Per-

---

[27]Patrick Roth: *Die amerikanische Fahrt*. S.248.
[28]Martina Wagner-Egelhaaf: *Auto(r)fiktion*. S.10.

sonen schildern.[29] Außerdem weisen Reflexionen des Erzählers über die Form, den Inhalt und/oder die Rezeption des Erzähltextes auf eine weitere Form fiktionaler Markierung hinaus. In solchen Fällen könne dann sogar von Metafiktion gesprochen werden.[30] (In diesem Sinne lässt sich schlussfolgern, dass eine metafiktionale Erzähltextgestaltung einer metamedialen Kommunikationssituation vorausgeht). Sucht man in der *AF* nach einer Kontextmarkierung, wie etwa die der Werkbezeichnung z. B. 'Roman', sind die einzig gegebenen Hinweise die im Untertitel erwähnten '*Stories*'. Der angloamerikanische Ausdruck 'Stories', der im Deutschen für (kürzere) 'Erzählungen' steht, deutet bereits den bevorstehenden Narrationsgrad an. Die Ausführung des Genitivs (*eines Filmbesessenen*) schraubt die Erwartung an das Potenzial der Geschichtenvermittlung automatisch höher, da sie sich an den narrativen Modus von Filmen koppelt. Bestärkt wird die narrative Erwartungshaltung zusätzlich durch das obsessive Moment der *Besessenheit*. Der unbestimmte Artikel (*eines*) lässt die genaue Zuordnung im Rahmen einer Kontextmarkierung vorerst offen, weshalb unbestimmt bleibt, um wen genau es sich bei dem *Filmbesessenen* handelt. Lediglich der Klappentext des Buches spricht von „Patrick Roths Liebe zum Kino". Dies soll jedoch eine differenzierte Betrachtung bleiben, da der vom Wallstein Verlag produzierte Klappentext absatzweise unterschiedliche Auffassungen stiften kann, wenn es anfänglich erneut unbestimmt heißt: „Ein 22jähriger deutscher Filmstudent vertreibt sich die Einsamkeit mit Autofahrten",[31] handelt es sich schlussfolgernd eben nicht unbedingt und eindeutig um eine ganz bestimmte Person. Die Untersuchung einer Kontextmarkierung ergibt, dass außer des narrativ anvisierten Untertitels keine weitere Markierung gegeben ist. Um möglichen Fiktionssignalen weiter zu folgen und so den Text näher zu bestimmen, könnten Eingangsformeln sowie Textabschlüsse ausgemacht werden die eine Erzählung traditionell schmücken. Der Beginn des ersten Kapitels sind „Drei Bilder", die der Erzähler dem Leser „näherbringen" möchte.[32] Drei einfache Bilder: von einer Autofahrt, einer deutenden Hand und einem Tisch.

---

[29]Martinez/Scheffel: *Einführung in die Erzähltheorie*. S. 16.
[30]Ebd. S. 15.
[31]Patrick Roth: *Die amerikanische Fahrt*. Göttingen: Wallstein 2013.
[32]Ebd. S. 9.

Bilder, die jeder Leser ohne Umstände imaginativ produzieren kann. Diese Eingangsformel stellt jedoch keine traditionelle Fiktionsmarkierung dar. Trotzdem lässt sich aus ihr der Status des Erzähltextes ableiten, denn dem Erzähler geht es um spezielle Bilder. Das Anliegen des Erzählers ist es sie dem Leser „näher[zu]bringen", d.h. sie ihm deutlicher oder imaginativ wahrnembarer zu machen. Ein Imaginationsprozess also, bei dem das Potenzial der Vorstellungskraft eines Lesers angesprochen wird, welches der Gestaltung einer erzählten Welt dient. Auch die Formatierung des literarischen Textes der drei Worte/Bilder weisen visuell eine poetisierte Form auf. Jeder der drei genannten Begriffe/Bilder ist in einer eigenen Zeile verortet und steht somit nicht in linearer Folge des Fließtextes. Aus diesem Grund lesen sich die Begriffe visuell voneinander getrennt und markieren, jedes für sich, einen eigenen Stellenwert. Hier wird das Maß einer dichterischen Erzähltextgestaltung bereits deutlich. Der bedeutsame Gehalt dieser Bilder wird dann deutlich, wenn es weiter im epischen Präteritum heißt: „Ich ging durch diese Bilder und war verwandelt."[33] Diese Aussage beschreibt auf narrative Weise das Besondere dieser imaginativen Bilder. Ein nicht-sprachliches Ereignis, sondern visuelle Gegebenheiten, wie eben die drei Bilder, sollen dem Leser vermittelt werden. Und genau in solchen Momenten besteht der narrative Akt, welcher sich aus dem Erzählen über Erfahrung und Ereignis, aber auch aus Imagination schöpft. Typische oder traditionelle Eingangsformeln für fiktive Geschichten finden sich mehrfach in den Texten der *AF* wieder, so wie z. B. „Einmal [...]", "es mag gegen vier gewesen sein,", „Es war (kurz vor Mitternacht/1972)" oder „Eines Abends". Solche fiktionssignalisierenden Merkmale leuchten bei einer Erzähltextanalyse alarmartig auf. Sie täuschen aber nicht darüber hinweg, dass sich der Autor an einigen Stellen im Text explizit zu Wort meldet, wenn es heißt:

> Man sucht beim Schreiben einen Halt, nach einem Bild, in welches am geheimnisvollsten schon alles eingegraben scheint. Nach einem Bild, das langsam auszugraben, zu verstehen und so ins Licht zu rücken wäre. Ich will von Bildern erzählen, die Ihnen einige meiner Stationen als werdender Schriftsteller vor Augen führen.[34]

---

[33]Patrick Roth: *Die amerikanische Fahrt*. S. 9.
[34]Ebd. S.11.

Per Definition ein metafiktionaler Einschub, der auslöst die medial-vermittelnde Erzählinstanz als impliziten Autor anzunehmen und so eine metamediale Vermittlung zu produzieren. Im Anschluss an die vorangegangenen Beobachtungen von Autor und Erzähler zeigt diese Textstelle beispielhaft auf von welcher Art der Reflexion und des autobiographischen Verweises ausgegangen wird. Das Vollziehen des *autobiographischen Pakts*[35] nach Lejeune, der u. a. besagt, dass der Name des Autors in der Narration eine gezielte Rezeptionswirkung auslöst, findet hier nur bedingt statt. Denn im angeführten Textbeispiel ist vorerst nur die Rede von einem namenlosen Schriftsteller. Der Pakt würde dann geschlossen, wenn der Leser die Darbietung einer Gattungsbezeichnung oder die namentliche Erwähnung des Autors im Text (Erzähler/Figur) als Rezeptionsvoraussetzung annehme.[36] Am Beispiel der *AF* würde der autobiographische Pakt auch in dem Moment vollzogen werden, in dem intertextuelle Verweise auf autoreigene Werke Teil der Geschichte werden.

> Wer »SUNRISE. Das Buch Joseph« gelesen hat, dem liegen gewisse Parallelen zwischen meiner Lebensgeschichte und der des Joseph, die ich ['Patrick Roth'] ihm schrieb, jetzt offen.[37]

Die „gewisse[n] Parallelen" sind auch in der *AF* unschwer zu erkennen, oszillieren sie doch immanent zwischen Erzählung und Erzähler. Diese im Text auffindbaren Elemente erzeugen beim Leser eine gewisse Vorstellung von einem Autor, welcher jedoch reell im Verborgenen bleibt. Deshalb implizieren diese Elemente nur die Vorstellung vom Autor und bilden in einem arrangierten und erzählerischem Text wie der *AF* lediglich einen Teil der fiktiven Struktur. In der *histoire* bleibt zu beobachten, dass jemand Jemandem eine Geschichte „schrieb", was im Falle einer Identifikation mit dem Autor schlussfolgernd als Konstruktionsleistung oder Inszenierung bewertet werden muss. Berücksichtigt man dennoch die biographische Nähe des Autors zum Erzähler lassen sich die Erlebnisse des Schriftstellers und Regisseurs in der Erzählung authentisch vermitteln. Trotz realistischer Nähe aufgrund biographischer Gemeinsamkeiten kann die *AF* wegen erkennbarer

---

[35]Philippe Lejeune: *Der autobiographische Pakt.* Frankfurt am Main: Suhrkamp 1994.
[36]Ebd.
[37]Ebd. S.222f.

Fiktionssignale nur als fiktiver Text verstanden werden. Der implizite Autor und Erzähler kann nur fiktiv von einem realen Autor Gebrauch machen.

Realität und Fiktion bilden schon allein deshalb ein Gegensatzpaar, da beide Begriffe inhaltlich an den jeweils eigenen Wirklichkeitsanspruch gebunden sind. Sowohl das Imaginieren als auch das Erinnern bergen einen lediglich beschränkten Anspruch auf Wirklichkeit. Weiterhin sind beide Prozesse, also die Imagination und die Erinnerung, sei es visueller oder auditiver Konstruktionsleistung, an eine narrative Reproduktion von Realität gebunden. Beim Prozess des Erinnerns wird auf ein Erlebnis zurückgeriffen, dass erst reproduziert werden muss. Die Vermittlung in Form einer möglichen Wiedergabe kann nur medial stattfinden. Hierin besteht ein weiteres Konfliktmoment bei der Beobachtung von medialen Differenzen in der *AF*. Das Erinnern oder das Imaginieren laufen in den Narrationen abwechselnd auf unterschiedlichen medialen Kanälen ab. Erlebnisse des autofiktionalen Ich-Erzählers funktionieren hauptsächlich über Erinnerungen, die an mediale Vermittlungsinstanzen gebunden sind. In den Tagebuchaufzeichnungen *eines Filmbesessenen* erklingt die Erinnerung proklamatisch durch das filmische Zurückspulen. Proklamatisch ist es deshalb, weil sowohl die Medialität des Tagebuchs als auch die des Films gemeinsame Merkmale aufweisen. Beiden Medienformen ist es möglich Momentaufnahmen - ob nun schriftlich oder filmisch - zu fixieren und diese zu einem späteren Zeitpunkt erneut zu betrachten.

Dem Ich-Erzähler fällt beim Betrachten einer Filmszene auf, dass die Tonaufnahmen zu den ländlichen Bildern nicht in der Natur, sondern im Studio entstanden sein müssen und macht einen Freund auf diese „ganz entscheidenden Momente […] aufmerksam"[38] . Mittels der Zurückspulfunktion „*Rewind, Rewind, Stop.*" wird es möglich den vergangenen Moment nochmals ablaufen zu lassen. Damit entsteht auf der *discours*-Ebene nicht bloß ein analeptischer Einschub, sondern auch ein mediales Differenzial, das an visuelle Rückerinnerung gebunden ist. Die Paradoxie, die in der linearen Abfolge des literarischen Textes und in der zurückspulenden Bewegungsfunktion des Films besteht, macht das Differenzial der medialen Kanäle deutlich. Etwas weiter im Tagebucheintrag notiert der Ich-

---

[38]Patrick Roth: *Die amerikanische Fahrt*. S. 104.

Erzähler, der nun nicht bloß zu einem auffälligen Filmmoment zurückspult, sondern zu einer bestimmten Erinnerung zurückkehren möchte: „Auch früher schon - *Rewind, Rewind, Stop.* - war mir das aufgefallen."[39] Zwar handelt es sich bei der Erinnerung immer noch um die Auffälligkeit einer Toneinstellung in einem Film, diese ist jedoch nicht unmittelbar an den speziellen Film gebunden. Denn erst die vorhergehende Beobachtung ruft die nächste Erinnerung hervor, die den Erzähler retrospektiv mittels Zurückspulfunktion zu einer noch „früher" zurückliegenden Erinnerung führt. Ein mediales Ereignis ist also als Auslöser für das Erinnern/Zurückspulen verantwortlich. Was passiert nun im literarischen Text? Ganz klar markiert die filmische Zurückspulfunktion einen intermedialen Verweis. Die paradoxe Medialität wird im literarischen Text zu einem strukturellen Prinzip. Das mediale Differenzial wird so zu einem analeptischen Verweis als formelle Gestaltung einer intradiegetischen Filmerzählung. Außerdem kann über die Art und Weise des Rückerinnerns festgehalten werden, dass sich dieses medial vermittelt präsentiert. Das mediale Differenzial hat zur Folge, dass sich in der Erzählung mediale Vermittlungskanäle des Mediums Film in das Medium der Literatur eingeschaltet haben, die aufgrund der reflexiven intradiegetischen Filmerzählung als Beobachtung zweiter Ordnung angesehen werden muss. Das führt dazu, dass das intradiegetische Moment über das Differenzial des Intermedialitäts-Markers zu einer metamedialen Vermittlung figurieren. Das Organisationsprinzip folgt demnach einem ganz bestimmten ästhetischen Konzept. Man folgt einem sich permanent einschaltendem Erzähler, sei es über die Reflexion des eigenen Schreibprozesses, Rückerinnerungen oder über den funktionalen Kommentar, was dazu führt, dass der autofiktionale Text in seiner Intermedialität eine weitere Ebene eröffnet, nämlich die der Metamedialität. Somit darf festgehalten werden, dass sich die autofiktionale Erzählung in einer metamedialen Vermittlung organisiert, als auch die durch intermediale Bezüge gestaltete Narration metamedial strukturiert.

---

[39]Ebd. S. 105.

6. Zur Gestaltung intermedialer Bezüge und ihrer medialen Differenzen in *Die amerikanische Fahrt*

> Es ist natürlich nie genau das, was es in den herrlichen Schwarzweißfilmen der Fünfziger und Sechziger einmal war.[40]

Der Trend, auf den die Intermedialitätsforschung weist, ist eine „auf (Meta-)Beobachtung ausgerichtete Intermedialitätstheorie".[41] So fasst Tanja Prokić die intermedialitätstheoretischen Konzepte und Modelle von Joachim Paech und Irina Rajewsky zusammen. An Paechs figurativen Beschreibungen von Intermedialität[42] knüpfen Irina Rajewskys Beobachtungen werkinterner Formprozesse an. Rajewskys Arbeiten und Beiträge zur Intermedialitätsforschung liefern eine systematische Kategorisierung intermedialer Phänomene. Indem sie Intermedialität von Intra- und Transmedialität abgrenzt, gelingt ihr eine weitere Untergliederung aller strukturellen Bedingungen, die mit dem Verweis oder dem Austausch als distinkt wahrgenommenen Medienformen verbunden sind. Darin unterscheidet sie zwischen *Medienkombination* (Kombination differenter Medienformen, z.B. Bilderbuch, Photoroman, Oper, Film etc.), *Medienwechsel* (Transformation eines Mediums in ein anderes, Letzteres beansprucht die Präsenz z. B. Literaturverfilmung, Reinszenierung eines historischen Ereignisses) und *intermedialen Bezug* (Bedeutungskonstitution durch Bezugnahme auf ein einzelnes Medienprodukt oder sein semiotisches System, wobei das bezugnehmende Medium mit eigenen Mitteln verfährt, z. B. Bezugnahme eines literarischen Textes auf einen Film oder ein Film auf die Malerei etc.).[43] Dabei fällt hinsichtlich des zu untersuchenden Textes auf, dass die *AF* mit intermedialen Bezügen verfährt, welche selbst wiederum Medienkombinationen darstellen. Beiden intermedialen Formen obliegt das Merkmal der Differenz, sowohl das des als distinkt wahrgenommenen Mediums

---

[40]Ebd. S. 103
[41]Tanja Prokić: *Vor* der Theorie ist die Verwandlung. Zitiert aus 1..
[42]Vgl. Joachim Paech: Intermedialität. Mediales Differenzial und transfomative Figurationen. In: Helbig, Jörg (Hrsg): *Intermedialität. Theorie und Praxis eines interdisziplinären Forschungsgebiets.* Berlin: E. Schmidt 1998. S. 14–30.
[43]Irina O. Rajewsky: *Intermedialität*, Tübingen(u.a.): Francke 2002. S.1-27.

als auch das des im jeweiligen Formprozess Entstandenen. Die frühen Arbeiten von Rajewsky beleuchten die Differenzierbarkeit und die jeweiligen Formprozesse nur spärlich. In späteren Auseinandersetzungen begibt sie sich auf eine Erhellung der unausgeleuchteten Bereiche, allerdings intensiviert sie dabei lediglich die intermediale Anschauung von *intermedialen Bezügen*. In Anlehnung an Joachim Paechs Beobachtungen zu *starker* und *schwacher Intermedialität* nutzt Rajewsky die Bezeichnung *schwach* für ihr Konzept einer „Intermedialität light", welches den Fokus auf die *bloße* Thematisierung als *explizite Systemerwähnung* im Hinblick einer Intermedialitätstheorie legt. [44] *Schwache Intermedialität* wäre nach Paech – der sich ebenfalls der Medium/Form-Unterscheidung bedient – eine Intermedialität, die sich im jeweiligen Medium als ein *bloßer* Formprozess versteht. Im Gegensatz dazu ist *starke Intermedialität* zu Gunsten der Figuration in diesem Sinne ein sich auflösender Formprozess. [45] Die ergänzenden und erweiterten Konzepte bezüglich einer intermedialtheoretischen Auslegung der Narration im literarischen Text wird deutlich machen können, welche bezugnehmenden Verfahren im Medium der Literatur bei der metamedialen Strukturierung und Organisation beteiligt sind. Aber nicht nur die bloße Beteiligung soll aufzeigen, dass die narratologische (Meta-)Strukturierung intermediale Beobachtungen zulässt, sondern es soll weiterhin gezeigt werden, wie die damit einhergehenden (Aus-)Wirkungen formaler Prozesse medial differenter Kanäle in der intermedialen Lektüre arbeiten. Im ersten Kapitel des ersten Teils der *AF* erzählt der Ich-Erzähler im Modus des Erinnerns die hebelsche Kalendergeschichte »Unverhofftes Wiedersehen« nach. Er hat sich die Geschichte auf Tonband aufgezeichnet und hört sich u. a. diese auf Autofahrten an. Der auditive Modus des Tonbands ermöglicht dem Ich-Erzähler die ihn umgebenden Bilder deskriptiv zu erweitern, da der Erzähler aufgrund der Tonbandaufzeichnung an keinen schriftlich fixierten Text gebunden ist. So gelingt es auf der *histoire*-Ebene durch die Verschmelzung von Tonbandaufzeichnung und

---

[44] Irina O. Rajewsky: Intermedialität light? Intermediale Bezüge und die bloße Thematisierung des Altermedialen. In: Greber, Erika und Roger Lüdke (Hrsg): Intermedium Literatur. Beiträge zu einer Medientheorie der Literaturwissenschaft. Göttingen: Wallstein 2004. S. 27–77, hier S.40.
[45] Ebd. S. 40.

19

wahrgenommener Umgebung gleich eine Vielzahl von Intermedialitäts -Markern aufzurufen:

> Eine perfekte Stelle für Abschiede. In grauer Vorzeit – in Los Angeles heißt das: »vor guten fünfzig Jahren und mehr« - grenzte die Gegend, über die meine Stimme vom Kuß des Hebelschen Bergmanns fiel, an Orangenplantagen, gehörte die Welt im Fenster meines Autos dem alten Hollywood-Regisseur John Huston, war Teil seiner Ranch gewesen. Hier hatte er die Schlachtszenen aus dem amerikanischen Bürgerkrieg spielen lassen, hatte hier, im San Fernando Valley, in der Nähe des Laurel Canyon und Ventura Boulevard, Stephan Cranes berühmten Roman »The Red Badge of Courage« verfilmt. Eine angemessene Stelle für den letzten Kuß eines schwedischen Bergmanns.[46]

Was an dieser „perfekte[n]" oder gar „angemessene[n] Stelle" rein narratologisch passiert, lässt sich mit Rajewskys Beobachtungen der „metamedialen Strukturierung und Funktionalisierung des *discours*" verbinden. Die nacherzählte Binnengeschichte des *Unverhofften Wiedersehens* von Johann Peter Hebel verknüpft sich in der *histoire* mit den Eindrücken des Ich-Erzählers während seiner Autofahrt. In der Verknüpfung werden durch Intermedialitäts-Marker mehrere mediale Systeme aufgerufen.

> Auch solche rein *histoire*-spezifischen Thematisierungen können natürlich für die konkrete Textanalyse relevant werden, bspw. - bei entsprechender Häufung und Gestaltung – als Indikatoren einer nachhaltigen medialen Prägung der dargestellten Welten und Figuren.[47]

Über die fiktionssignalisierende Eingangsformel „In grauer Vorzeit" verfährt die verflochtene Erzählung intermedial, indem sie die auf einem Tonband aufgezeichnete Stimme über die deskriptive Umgebung *fallen* lässt. Der auditive Kanal ruft das semiotische System des Tons hervor, welches einen intermedialen Bezug darstellt. Damit signalisiert ein Intermedialitäts-Marker in der *histoire* das differente Potenzial der medialen Vermittlung auf der *discours*-Ebene. Diese Signalisierung erzeugt Aufmerksamkeit hinsichtlich eines intermedialen Verweises, weshalb sich „die Welt im [Auto-]Fenster" des Erzählers durchaus filmisch lesen lässt. Denn das Fenster kann als Filmmetapher verstanden werden, wie etwa „[der] Film als Fenster zur Welt".[48] Somit evoziert der visuelle Modus folgerichtig den Bezug zu

---

[46]Patrick Roth: *Die amerikanische Fahrt*. S.15.
[47]Irina O. Rajewsky: Intermedialität light? Intermediale Bezüge und die bloße Thematisierung des Altermedialen. S. 49.
[48]Thomas Elsaesser und Malte Hagener: *Filmtheorie zur Einführung*. Hamburg: Junius 2007. S.24.

einem ebenfalls filmischen Faktum dem „Hollywood-Regisseur". Die folgenden Intermedialitäts-Marker, nämlich die Reinszenierung und die Literaturverfilmung (beide Medienwechsel), transformieren die *histoire*-Ebene über die intradiegetische Erzählung der hebelschen Kalendergeschichte zu einer pluralen Intradiegese. Auf der einen Seite folgen wir der Binnenerzählung der hebelschen Kalendergeschichte und auf der anderen Seite verknüpft sich diese mit dem intermedialen Bezug und der ebenfalls intradiegetischen Erzählung »The Red Badge of Courage«. Da sich nun die eigentliche (Nach-)Erzählung der hebelschen Geschichte in der angerissenen Intradiegese des intermedialen Bezugs auf eine Literaturverfilmung überträgt, wird über das Aufrufen der verschiedenen intermedialen Verweise das Potenzial der Differenzen hervorgehoben. Das eigentliche Bezugsystem, in diesem Fall der literarische Text Hebels, spiegelt sich in intermedialen Verweisen wider und verursacht so, über das Spiegeln/Reflektieren, die metamediale Beobachtung auf der *discours*-Ebene.

> Mit Hilfe metamedialer Verfahren […] können jedoch über eine Reflexion des Konstrukt- und Fiktionscharakters eines gegebenen Textes hinaus gerade auch die Medialität und Materialität des Textes und schließlich die mediale Verfasstheit jedweder Wirklichkeitswahrnehmung und -vermittlung in den Vordergrund gerückt werden.[49]

Die Hebel-Geschichte ist Teil einer Beobachtung erster Ordnung, denn sie gehört in Form einer Intradiegese zur narratologischen Oberfläche. Das Reflektieren/Spiegeln der intradiegetischen Erzählung begibt sich mit Hilfe von intermedialen Verweisen auf eine Beobachtung zweiter Ordnung, einer Metaebene also. Die *histoire* verursacht durch medial different aufgerufene Kanäle den *discours* metamedial zu strukturieren. Auch die eher kontroverse Verbindung von Los Angeles und der schwedischen Berglandschaft markiert ein Differenzpotenzial. Was hier deutlich wird, ist die intensive und komplexe Intermedialitätsstruktur der *AF*, welche die prinzipielle Gestaltung der gesamten Lektüre ausmacht. Die intermediale Komplexität schreit nach einer systematischen Strukturierung im literarischen Text. Somit liegt nahe, dass es sich bei Patrick Roths Schreibweise m ein

---

[49]Irina O. Rajewsky: Intermedialität light? Intermediale Bezüge und die bloße Thematisierung des Altermedialen. S. 49.

konzeptionelles Verfahren handelt, welches sich der Differenzierbarkeit von Medien literarisch annimmt.

Beachtet man die Vielzahl von Intermedialitäts-Markern in seinen Erzählungen fällt auf, dass die Mehrheit der intermedialen Bezüge auf das filmische Medium verweisen. Allein die bloße Nennung von Filmtiteln beläuft sich auf die stolze Summe von siebzig Filmen. Besonders häufig werden Personen erwähnt, die mit dem Film in spezieller Verbindung stehen. In die literarische 'Hall Of Fame' der Filmgeschichte nimmt Patrick Roth populäre Persönlichkeiten auf, wie etwa Orson Welles, Alfred Hitchcock, Henry Fonda und John Ford. Anhand der populären Persönlichkeiten lässt sich ein Exkurs in die Verläufe der Filmgeschichte unternehmen, weshalb u. a. auch im Titel dieser Arbeit der Begriff der Exkursion auftaucht. Einer der bedeutendsten Persönlichkeiten ist „der erste große Regisseur der Filmgeschichte"[50], „[d]er größte Stummfilmregisseur aller Zeiten"[51] D. W. Griffith, „der Gott, der am Filmanfang stand"[52]. Mit ihm verbindet der Ich-Erzähler eine Reihe von medienbiographischen Ereignissen, die sich in mehreren Kapiteln wiederfinden. Besonders prägend ist das Kinoerlebnis des Ich-Erzählers in einem Programmkino in Frankfurt. Das Kino zeigt am Abend vor dem Deutschabitur des Ich-Erzählers in einer Tour Filme von Griffith. Dem Ich-Erzähler gelingt es seine Mutter zu überreden ihn und einen Freund von Karlsruhe nach Frankfurt zu fahren, um die Griffith-Filme sehen zu können. Dort angekommen, berichtet der Ich-Erzähler, dass „nun viel zu bestaunen [war]."

> Wir saßen vier, fünf gebannte Stunden lang, studierten, abgesehen von der Geschichte, vor allem auch Technik […].
> Und mitten im Beobachten, Mitfühlen, Mitskizzieren – ich skizzierte-notierte damals (auch in den Pariser Kinos ein Jahr darauf) auf übers Knie gefalteten Zetteln, den Blick leinwandwärts, was mir an Kompositionen oder *pieces of time* (James Stewarts Wort für unvergessliche Momente) bemerkenswert schien –, mitten in meinem wagnerisch-famulesken Lerneifer: hält es mich an.
> Hört alles auf.
> Ich kann nicht mehr mitschreiben. *Sehe* nur noch.
> Sehe:
>
> Den jungen Mann auf der Leinwand, der
> neben seinem Pferd steht

---

[50]Patrick Roth: *Die amerikanische Fahrt*.S.20.
[51]Ebd.S.110.
[52]Ebd. S.188.

22

Abschied nimmt vom Haus
in dem seine Liebste wohnt.

Ich erzähle jetzt nur, was sich so und nicht anders in mir eingrub – in mir, der ich die Szene später immer wieder zurückrief, zurückrufen mußte. Erzähle nur, wie *ich* es sah, als ich sah:

Diesen jungen Mann,
Reitzügel in der Hand
neben seinem gesattelten Pferd stehend
kurz vor dem Abschied.[53]

Dass der Ich-Erzähler im Folgenden noch mehr sieht, nämlich etwas Mythisches und nur für ihn Bestimmtes, bleibt im Weiteren außen vor. Vielmehr kann an dieser Textstelle schriftlich aufgezeigt werden, was sich metamedial abspielt. Beim „Mitskizzieren" der visuellen Bilder, die der „leinwandwärts" gerichtete Blick des Ich-Erzählers erfasst, stoppt der Modus der Verschriftlichung plötzlich. Der Erzähler „kann nicht mehr mitschreiben" und beginnt zu sehen. Der abrupte Schreibstopp wäre nur in der *histoire* zu verorten, auf der *discours*-Ebene findet ein tatsächlicher Schreibprozess weiterhin statt. Die logische Konsequenz der Linearität eines literarischen Textes markiert an diesem Übergang von Schreiben zu Sehen ein narratologisches Paradox und macht auf die mediale Differenz aufmerksam. Im visuellen Modus einer performativen Qualität des Textes folgt der Leser der szenischen Beschreibung.[54] Die literarische Darstellung weist auf eine filmische Schreibweise hin.[55] Kurze einzelne szenische Details werden nach und nach schriftlich und auch bildlich, weil imaginativ, erschlossen. So findet nicht bloß ein intermedialer Bezug zu einem Film statt, sondern es entsteht eine Beobachtung zweiter Ordnung, auf welcher der reflektierende Ich-Erzählers beobachtet wird. Die mediale Differenz des visuellen Modus begibt sich auf die Ebene der Beobachtung einer Beobachtung und bildet so eine metamediale Strukturierung. Was sich aus diesem prägenden Ereignis des Ich-Erzählers ergibt, kann also

---

[53] Ebd. S.192.
[54] Vgl. Lother van Laak: Erzeugung von Erinnerung im Widerspiel von Film und Literatur bei Patrick Roth, In: Heiser, Sabine und Christiane Holm (Hrsg): *Gedächtnisparagone - intermediale Konstellationen.* Göttingen: V&R unipress 2010. S.289.
[55] Vgl. Joachim Paech: *Literatur und Film* Stuttgart: J.B. Metzler 1988. S.122-150 oder Ralf Schnell: *Medienästhetik. Zu Geschichte und Theorie audiovisueller Wahrnehmungsformen.* Stuttgart: J.B. Metzler 2000.

nur konzeptologisch festgehalten werden, denn die Häufigkeit intermedialer Ereignisse ist konstitutives Element der autofiktionalen Erzählung.

Auch der Literaturwissenschaftler Ralf Schnell erkennt der medialen Ästhetik/Differenz des Films eine immer größer tragende Rolle in der Literatur an.[56] In den Ausarbeitungen zu *Film und Literatur* stellt Schnell bezüglich einer *filmischen und literarischen Intermedialität* fest, dass audiovisuelle Medien „die Formensprache der Poesie revolutioniert ha[ben] und mit ihr die literarische Wahrnehmung der Wirklichkeit selber".[57] Beachtet man die metaphorischen Begrifflichkeiten, wie etwa *Filmische Schreibweise* oder *Literarisierung des Films,* beziehen sich diese immer auch auf Eindrücke, die das jeweilige Medium erzeugt. Rajewsky spricht dabei von der „*Illusion* des Fremdmedialen"[58], was die Anschauung eines medialen Differenzials zusätzlich verstärkt. Die literarischen Verfahren, die Patrick Roth, in der Kombination mit intermedialen Einschüben verbindet, verfolgen sowohl ein ästhetisch-poetologisches als auch ein metamediales Konzept.

7.   Intermediale Erweiterung in der Medienkombination

> Noch im Unbegreifen tat ich, was man selbst in
> Träumen nie tun sollte: Ich zog eine Kamera aus
> der Tasche und photographierte den Abdruck. So
> schnappt ein Tourist im Dunkel der Tempel nach
> allem, was ihm nicht faßbar ist: er photographiert
> es.[59]

Nun finden sich im Untersuchungsgegenstand der Literatur am Beispiel der *AF* nicht nur intermediale Bezüge vor, vielmehr lässt sich anhand der abgedruckten Fotographien eine Medienkombination wiederfinden. Sie erlauben das intermediale Feld insofern zu erweitern, als dass sie in Rajewskys Beobachtungen einen ka-

---

[56]Ralf Schnell: *Medienästhetik. Zu Geschichte und Theorie audiovisueller Wahrnehmungsformen.* Stuttgart: J.B. Metzler 2000. S. 165.
[57]Ebd.S.145-170.
[58]Irina O. Rajewsky: Intermedialität light? Intermediale Bezüge und die bloße Thematisierung des Altermedialen. S. 42.
[59]Patrick Roth: *Die amerikanische Fahrt.* S. 127.

tegorialen Platz einnehmen, welcher die *Medienkombination* von einem *interme-dialem Bezug* abgrenzt.[60] Ihr hauptsächliches Unterscheidungskriterium ist das der materiellen Präsenz. *Intermediale Bezüge* weisen lediglich die materielle Präsenz eines einzigen Mediums vor, wohingegen bei einer *Medienkombination* mehrere Medienmaterialitäten miteinander verbunden sind. Wie auch im Beispiel der *AF* können die abgedruckten Fotographien eindeutig in ihrer medialen Verfasstheit getrennt voneinander beobachtet werden. Die neuere Literaturwissenschaft setzt sich wiederkehrend mit Textformen aus different-disziplinären Bereichen kritisch auseinander. Eine textuelle Auseinandersetzung mit Textarten aus different-disziplinären Bereichen liegt schon allein deshalb nah, da es sich bei medialen Phänomenen weder um ein *paragone* noch um ein singulär-disziplinäres Theorem handeln kann/darf. Vor allem die Intermedialität und ihre populäre Verwendung sowohl in literarischen Texten als auch in anderen Medien-/Kunstformen macht auf die interdisziplinären Spannungsverhältnisse aufmerksam. Der stetig wach-sende Einfluss medialer Ereignisse ruft mediale Experimente hervor. Ein Fort-schritt kann immer nur dann stattfinden, wenn veraltete Theorien abgelöst und neue Grenzen überschritten werden. Durch Medienkombinationen können die differenten Medienkanäle zusammengeführt werden. Obwohl es sich in der *AF* um die Kombination von Foto und Text handelt, stellt dies nicht die typische Form eines Fotoromans dar, vielmehr erfüllt das Foto einen metamedialen Zweck. Die Beobachtung der Medienkombination zielt auf solche grenzüberschreitende Phä-nomene ab, denen es gelingt medial zu kooperieren.

Das Beweisfoto von D. W. Griffith, der zum Zeitpunkt der Aufnahme bereits als verstorben gilt, visualisiert ein übernatürliches Ereignis. Wie verhandelt also die *AF* den intermedialen Einschub der mysteriösen Fotographie im Rahmen von Realität und Fiktion? Und welche (Aus-)Wirkung erzielt das mediale Differenzial der Fotographie in seiner Kombination mit dem literarischen Text? Die vorliegen-de Arbeit hat bereits ausgearbeitet, dass es sich bei der *AF* nur um eine fiktive Erzählung handeln kann. Der Ich-Erzähler berichtet seinen Freunden in direkter Rede von dem außergewöhnlichen Ereignis , das sich im gleichen Lokal, in dem

---

[60]Vgl. Irina O. Rajewsky: *Intermedialität*. Tübingen: A. Francke 2002.

sich die Figuren befinden, zugetragen hat. Auf dem „Lieblingsplatz"[61] des Erzählers saß eine berühmte Person, die kaum beachtet wurde. Der Erzähler erkannte die Person, die er als D. W. Griffith identifizierte. Das Unmögliche in dieser Situation ist die Tatsache, dass Griffith vor über Jahrzehnten gestorben ist. Der homodiegetische Ich-Erzähler macht seinen Freunden klar, dass er die unglaubwürdige Geschichte beweisen kann, da er ein Foto geschossen habe. Das Foto würde er ihnen „»[n]och vor Morgengrauen«"[62] zeigen. Im Anschluss an das Kapitel »Lost In Your Shadow. *Aus dem Tagebuch eines Filmbesessenen*«[63] befindet sich die eben erwähnte Fotografie in abgedruckter Form wieder. Sie stellt einen intermedialen Einschub in Form einer Medienkombination dar. Obwohl Schrift, als auch Fotografie in materiell gedruckter Form vorliegen, ist ihre Materialität nicht die Selbe. Die spezifische Materialität beinhaltet ebenso die spezifische Medialität, wie auch ihre perzeptiven Qualitäten. Deshalb werden Text und Bild als voneinander getrennte Medienformen wahrgenommen. Ihre Kombination erweitert die Differenzbeobachtungen und ihre intermedialen Verflechtungen. Beim Betrachten der Fotografie erkennt man einen älteren Mann, der in gebeugter Haltung an einer Theke sitzt. Mit dem einem Arm stützt er sich ab, während er in der Hand des anderen Arms eine Gabel oder einen Löffel hält. Was es genau ist, lässt sich nicht eindeutig sagen. Auch bleibt es schwierig den im Profil abgebildeten Herren zu identifizieren. Lediglich der Untertitel des Bildes besagt, dass es sich um D. W. Griffith handelt, der „in Geisterseelenruhe bei »Musso and Frank« [ißt]".[64] Rückschlüsse zu den gemachten Beobachtungen im Bild, können nur mit Hilfe des Erzählers vollzogen werden. So könnten Übereinstimmungen der Lokalität und der Uhrzeit, in der abgebildeten Fotografie, von den Freunden nachvollzogen werden. Solche oder ähnliche Vermutungen lassen sich nur anstellen, da der Erzähler den Leser zu einem gewissen Grad auf diese Fotografie vorbereitet hat. Auch ist es dem Leser möglich, die in der Geschichte erwähnte Fotografie (*intermedialer Bezug*) nicht bloß imaginativ zu konstruieren, weiter ist sie ihm materiell verfüg-

---

[61] Patrick Roth: *Die amerikanische Fahrt.* S. 108.
[62] Ebd. S. 111.
[63] Ebd. S. 101.
[64] Ebd. S. 122.

bar (*Medienkombination*). Im Rahmen der Narration organisieren und strukturieren die erzähltheoretischen Bedingungen die vor-fotographische Präsenz und formen einen Kontext, in dem das Bild gelesen/betrachtet wird. Unter Anbetracht der intermedialen Umstände lässt sich die Vermutung anstellen, dass sich die *histoire*-spezifischen Verfahren auch hier auf die *discours*-Ebene metamedial auswirken.

Da die Fotographie medienspezifisch einer differenten Medialität folgt, im Gegensatz zum literarischen Text, muss beachtet werden, dass die Verflechtung der medialen Vermittlung mittels literarischer Verfahren eine intermediale Beobachtung ermöglicht. So können sowohl Text als auch Foto auf erster Ebene beobachtet werden. Ihre intermediale Kombination erlaubt es unterschiedliche mediale Kanäle wahrzunehmen, wodurch erkennbar wird, dass sich die Beobachtungsebene verschiebt, sobald sich diese aufeinander beziehen. Mit dem narrativen Vorwissen aus der Erzählung entsteht eine reflektierte Betrachtungsweise des Fotos, somit vermittelt sich die Fotographie, die uns der Erzähler/Autor präsentiert metamedial.

8.   Resümee

Bisherige Forschungsüberblicke, die sich mit dem Schreiben von Patrick Roth auseinandergesetzt haben, markieren ihren Fokus auf inhaltlicher Ebene. Der Sammelband *Patrick Roth. Erzähler zwischen Bibel und Hollywood*[65] von 2005 handelt theologische Befunde ab, die sich auf die wiederkehrend religiösen Einflüsse in den Werken des Autors beziehen. Die Ergebnisse aus der wissenschaftlichen Tagung vom 29. und 30. Juni 2007 zu Patrick Roths Schreiben versammeln sich unter dem Titel *Der lebendige Mythos.*[66] Michaela Kopp-Marx veröffentlicht in diesem Sammelband die interdisziplinären Forschungsergebnisse, die den Fokus auf das mythische Wirken in Roths Schriften setzen. Solche Forschungen kreisen immer wieder um die werkinternen Themen des Schriftstellers umher,

---

[65]Georg Langenhorst (Hrsg): *Patrick Roth: Erzähler zwischen Bibel und Hollywood.* Münster: LIT 2005.
[66] Michaela Kopp-Marx (Hrsg): *Der lebendige Mythos. Das Schreiben von Patrick Roth.* Würzburg: Königshausen & Neumann 2010.

ohne dabei auf die Struktur der Texte explizit einzugehen. Anhand der Beispiele, die in dieser wissenschaftlichen Untersuchung gebracht wurden, erschließen sich die strukturellen Erscheinungen der literarischen Konstruktionen. In ihnen kommen die intermedialen Konzeptionen zum Vorschein, die im Beispiel der Literatur formal entstehen können. Deutlich wurde auch welche enormen Interdependenzen die medialen Kanäle auf jeweils unterschiedlicher Seite der Medienform zu verantworten haben. Die Intermedialität und ihre differenten Erscheinungsformen im literarischen Beispiel der AF ermöglichen mediale Formprozesse sichtbar zu machen. Von einer metamedialen Vermittlungssituation der Autofiktion, über die metamediale Organisation der literarischen Narration bis hin zu einer metamedialen Verflechtung in einer Medienkombination werden die Stationen sichtbar, welche die Exkursion in die Metamedialität passiert. Das Erkenntnisinteresse dieser wissenschaftlichen Arbeit liegt in der Erschließung eines Textes der gegenwärtigen Literatur, welche wiederum mit gegenwärtigen medialen Konzepten verfährt, die in ihrer theoretischen Verfasstheit ebenso zugänglich gemacht werden. Beachtet man den speziellen Fall medialer Differenzen in der Literatur, konnte aufgezeigt werden, wie diese sichtbar gemacht werden. Ihre Beobachtung beschreibt das mediale Moment erweiterter Wahrnehmungsmöglichkeiten im Rahmen der Literatur. Eine Metamedialität erlaubt es immer tiefer in die Beobachtung einzutauchen. Zu Gunsten der Fiktion können so mediale Differenzen ausgeschaltet und ihre Kombination erweitert werden. Denn die Sichtbarmachung medialer Differenzen hat zur Folge, dass sich diese einer Beobachtung erst dadurch zur Verfügung stellen.

9. Literaturverzeichnis

BARTHES, Roland: Der Tod des Autors. In: JANNIDIS, Fotis (Hrsg): *Texte zur Theorie der Autorschaft*. Stuttgart: Reclam 2000.

BRAUNS, Jörg (Hrsg): *Form und Medium*. Weimar: Verlag und Datenbank für Geisteswissenschaften 2002.

DOUBROVSKY, Serge: Nah am Text/ Textes en main. In: DE TORO, Alfonso de und Claudia GRONEMANN (Hrsg): *Autobiographie revisited. Theorie und Praxis neuer autobiographischer Diskurse in der französischen, spanischen und lateinamerikanischen Literatur.* Hildesheim: Olms 2004. S. 117–128.

ELSAESSER, Thomas und Malte HAGENER: *Filmtheorie zur Einführung.* Hamburg: Junius 2007.

FISCH, Michael: Autorenporträt Patrick Roth. In: *Lexikon der deutschsprachigen Gegenwartsliteratur seit 1945.*, München: Kraft 2003. S. 1056–1058.

FUCHS, Peter: Die Beobachtung der Medium/Form-Unterscheidung. In: BRAUNS, Jörg (Hrsg): *Form und Medium*. Weimar: Verlag und Datenbank für Geisteswissenschaften 2002. S. 71–83.

GENETTE, Gérard: *Die Erzählung.* Paderborn: Fink 2010.

GRIZELJ, Mario: Medien. In: JAHRAUS, Oliver (Hrsg): *Luhmann-Handbuch. Leben-Werk-Wirkung.* Stuttgart (u.a.): Metzler 2012, S. 99–101.

HEISER, Sabine, Christiane HOLM und Lothar LAAK (Hrsg): *Gedächtnisparagone - Intermediale Konstellationen.* 1. Aufl., Göttingen: V&R unipress 2010.

HELBIG, Jörg (Hrsg): *Intermedialität. Theorie und Praxis eines interdisziplinären Forschungsgebiets.* Berlin: E. Schmidt 1998.

HICKETHIER, Knut: *Einfuhrung in die Medienwissenschaft.* Stuttgart: J.B. Metzler 2003.

JAHRAUS, Oliver (Hrsg): *Luhmann-Handbuch: Leben-Werk-Wirkung.* Stuttgart (u.a.): Metzler 2012.

JAHRAUS, Oliver: Was es heißt, Literatur als Medium zu interpretieren? Zur Medialität der Literatur. In: LÖCK, Alexander und Jan URBICH (Hrsg): *Der Begriff der Literatur. Transdisziplinäre Perspektiven.* Berlin/New York: De Gruyter 2010. S. 189–205.

JANNIDIS, Fotis: *Texte zur Theorie der Autorschaft*, Stuttgart: Reclam 2000.

KOPP-MARX, Michaela (Hrsg): *Der lebendige Mythos. Das Schreiben von Patrick Roth; anlässlich der wissenschaftlichen Tagung im Deutschen Literaturarchiv Marbach am Neckar (29./30. Juni 2007); mit einer Lesung (CD) von Patrick Roth*, Würzburg: Königshausen & Neumann 2010.

KOPP-MARX, Michaela: „Ich wollte immer schon in einem Schwarzweißfilm wohnen" Das filmische Prinzip im Werk von Patrick Roth. In: WEHDEKING, Volker (Hrsg): *Medienkonstellationen. Literatur und Film im Kontext von Moderne und Postmoderne.* Marburg: Tectum Verlag 2008. S. 207–239.

LANGENHORST, Georg (Hrsg): *Patrick Roth: Erzähler zwischen Bibel und Hollywood.* Münster: LIT 2005.

LEJEUNE, Philippe: *Der autobiographische Pakt.* Frankfurt am Main: Suhrkamp 1994.

MARTÍNEZ, Matías und Michael SCHEFFEL: *Einführung in die Erzähltheorie.* Müchen: C.H. Beck 2007.

MERTENS, Mathias: *Forschungsüberblick „Intermedialität": Kommentierungen und Bibliographie.* 1. Aufl., Hannover: Revonnah 2000.

MEYER, Urs, Roberto SIMANOWSKI und Christoph ZELLER (Hrsg): *Transmedialität. Zur Ästhetik paraliterarischer Verfahren.* Göttingen: Wallstein 2006.

NIGGL, Günter (Hrsg): *Die Autobiographie. Zu Form und Geschichte einer literarischen Gattung.* Darmstadt: Wissenschaftliche Buchgesellschaft 1989.

PAECH, Joachim und Jens SCHRÖTER: *Intermedialität - Analog/Digital. Theorien-Methoden-Analysen.* München: Fink 2008.

PAECH, Joachim: *Literatur und Film.* Stuttgart: J.B. Metzler 1988.

PAECH, Joachim: Intermedialität. Mediales Differenzial und transfomative Figurationen. In: HELBIG, Jörg (Hrsg): *Intermedialität. Theorie und Praxis eines interdisziplinären Forschungsgebiets.* Berlin: E. Schmidt 1998. S. 14–30.

PROKIĆ, Tanja: *Vor* der Theorie ist die Verwandlung. Ein Beitrag zur Intermedialitätsforschung am Beispiel von Patrick Roths Magdalena am Grab. Demnächst veröffentlicht in: GRIZELJ, Mario, Oliver JAHRAUS und Tanja PROKIĆ (Hrsg): *Vor der Theorie. Materialität-Intensität-Immersion.* Würzburg: Könighausen & Neumann 2014.

RAJEWSKY, Irina O: *Intermedialität.* Tübingen: A. Francke 2002.

RAJEWSKY, Irina O: Intermedialität light? Intermediale Bezüge und die bloße Thematisierung des Altermedialen. In: LÜDEKE, Roger und Erika GREBER (Hrsg): *Intermedium Literatur. Beiträge zu einer Medientheorie der Literaturwissenschaft,* Göttingen: Wallstein 2004. S. 27–77.

ROTH, Patrick: *Meine Reise zu Chaplin. Ein Encore.* 1. Aufl., Frankfurt: Suhrkamp 1997.

ROTH, Patrick: *Ins Tal der Schatten: Frankfurter Poetikvorlesungen.* Frankfurt am Main: Suhrkamp 2002.

ROTH, Patrick: *Die amerikanische Fahrt. Stories eines Filmbesessenen.* Göttingen: Wallstein 2013.

SCHEFFEL, Michael: *Formen selbstreflexiven Erzählens: eine Typologie und sechs exemplarische Analysen.* Tübingen: Niemeyer 1997.

SCHNELL, Ralf: *Medienästhetik. Zu Geschichte und Theorie audiovisueller Wahrnehmungsformen.* Stuttgart: J.B. Metzler 2000.

WAGNER-EGELHAAF, Martina: *Auto(r)fiktion. Literarische Verfahren der Selbstkonstruktion.* Bielefeld: Aisthesis 2013.

WEHDEKING, Volker (Hrsg.): *Medienkonstellationen. Literatur und Film im Kontext von Moderne und Postmoderne.* Marburg: TectumVerlag 2008.

WINKELS, Hubert: *Leselust und Bildermacht. Literatur, Fernsehen und neue Medien.* Köln: Kiepenheuer & Witsch 1997.

BEI GRIN MACHT SICH IHR WISSEN BEZAHLT

- Wir veröffentlichen Ihre Hausarbeit, Bachelor- und Masterarbeit

- Ihr eigenes eBook und Buch - weltweit in allen wichtigen Shops

- Verdienen Sie an jedem Verkauf

Jetzt bei www.GRIN.com hochladen und kostenlos publizieren